はい！こちら子ども記者相談室デス！

かめおか子ども新聞
イラスト　ヨシタケシンスケ

目次

1章

子どもってどうしてこうなんでしょうか。

・中一の息子に「クソババア」と言われ、ショックです。——10
・好きなのに、練習しないのはなんでなの？——12
・思春期の子どもとのコミュニケーション、どうすれば？——14
・息子に「テレビを消しなさい」と言っても全然聞こえません。——16
・子どもを保育園に預けるか、仕事をやめて幼稚園に通わせるか迷っています。——18
・ポケットからダンゴムシはやめて！——20
・どうして子どもはうんこが好きなんですか？——22
・小さい子どものケンカはどこまで見守ってあげたらいいですか？——23
・5歳の娘が本当に言うことを聞きません。——24
・おい！　子どもら外で遊べよ！　なんでゲームばっかりなんや？　外でもゲームしてるやんか！——26
・小学5年生の娘が話してくれなくなりました。——28
・5歳の我が子に矛盾を指摘されています。——30

2章

恋とか愛とか結婚って本当になんなんですか。

・彼女に結婚をせまられて悩んでいます。――34
・アイドルが好きすぎて現実の男子に興味が持てません。――36
・友達の好きな人を、自分も好きになってしまいました。――38
・恋をするってどういうことですか。――40
・恋と愛の違いはなんだと思いますか。――41
・このままハゲたら結婚もできないのではないかと心配です。――42
・婚活に疲れました。――44
・娘が定職に就いていない彼氏と結婚すると言っています。――46
・モテる秘訣を教えてください。――48
・彼氏が口うるさすぎて付き合い続けられるか不安です。――50
・子どもの小学校受験に夢中の妻。小さい子に勉強は必要ですか。――52
・夫がトイレで小の時に座ってしてくれません。――54
・夫を家事に参加させるにはどうしたらいいんでしょう？――56
・夫婦の「愛」ってなんでしょう。――58
・夫と会話が弾みません。どうしたらもっと楽しく夫婦生活が送れますか？――60

3章

どうしても自分のことが気になるんです。

・肩こり、頭痛、目のかすみ、白髪……。老化が気になります！——66
・部屋が片付けられません。どうしたら片付けられるようになりますか。——68
・今年の夏もダイエットに間に合いませんでした。——70
・いくら練習してもゴルフがうまくなりません。——72
・子どもも、ペットも、植物も、何も育てていません。
このままだと、自分も育たないのではないかと不安です。——73
・話すのが苦手で、人と話が続きません。——74
・昔子どもに自分の年齢を聞かれ、一回りほどさばを読んでしまいました。——76
・飽きっぽい自分。どうしたら熱意を持ち続けられますか？——78
・インスタグラムが好きすぎてたまりません。——80
・ある日、自分の顔から加齢臭のような匂いがただようことに気付きました。——82
・給料をあるだけ使ってしまい、貯金ができません！——84
・眠たくならない方法を教えてください！——86
・何をやってもうまくいかず自信が持てません。——88
・バレンタインが大嫌い。なくなってもらいたい。——90

・還暦を迎えて、ますます物忘れが激しくなって心配です。――92
・人生どん底です。もう嫌です。辛いことが多いです。――93
・歯並びを矯正したいけど、面倒な気もします。――94

4章

大人になってもまだまだわからないことだらけです。

・最近の若い人の考えについていけません。――98
・環境汚染などが進むなか、添加物いっぱいの食べ物だらけの日本に不安でいっぱいです。――100
・ごはんをクチャクチャと口を開きながら噛む友達。デリケートすぎて指摘できません。――101
・僕は東京生まれ、東京育ちです。関西の人からは、標準語はなよなよして聞こえると聞いたのですが、記者さんたちが聞いてもそうですか？――102
・年上の部下にはどう接するのがよいでしょうか。――104
・「何歳に見える？」という質問を世の中で禁止してほしい！――106
・大人と子どもはどっちがいいですか？――108
・幸せってなんですか。わからなくなりました。――109
・若手社員を長続きさせるにはどうしたらいいでしょう？――110

・どうして私たちは生まれてきたんでしょう?――112
・子ども記者のみなさんは生きてる!と感じる瞬間はありますか。――113
・男と女はどっちが楽だと思いますか?――114
・自分に向いている仕事はあるんでしょうか。――116
・歳をとって死が近くなっているのを否応なしに感じずにはいられません。死ぬのは怖いです。――118
・「いいお母さん」ってどんなお母さんだと思いますか?「いいお父さん」ってどんなお父さんだと思いますか?――120
・子どもに「友達にやさしく」「仲良くしてね」とよく言いますが、正直自分を押し殺してまで人にやさしくしなくていいし、全員と仲良くする必要もないと思うのですが……。――122
・不景気、少子高齢化、災害多発……将来が不安です。――124

おまけ

10個の「明智かめまる」を探せ!!――32
かめおか子ども新聞　号外――62
子ども記者辞典/子ども記者の「宝物」――64
かめおか子ども新聞の作り方――96

まえがき

　はじめまして。ぼくたちは子ども記者です。京都に亀岡っていう町があって、そこで「かめおか子ども新聞」を作っています。よくある「子ども新聞」は新聞社が子ども向けに作った新聞で、「書くのは大人、読むのは子ども」だけど、ぼくたちの新聞は「書くのが子ども、読むのが大人」っていう世にも珍しい新聞です！　中でも、大人の悩みを子どもが解決する相談コーナーが人気です。この本は、それをたくさん集めてまとめたものです。悩みが山盛りです！　誰がそんな本を買うのでしょうか。

　いつも、大人からいろんな悩みが届きます。学校が終わったら集まってお菓子を食べながらみんなでワイワイ話し合って答えています。びっくりしたのが、大人って悩みとかないってずっと思ってたけど、けっこうみんな悩んでるんだなということです。ていうか、悩みすぎやと思うわ、大人。みんな「仕事が」とか「子育てが」とか「体型が」とか「お金が」とか、たくさんの悩みが届くもん！　大体、大人がこんなに悩んでるって大丈夫なん？　そりゃ、これだけ悩みがあったら考えすぎてハゲたり、ストレスで肌が荒れたりするよね。

あまり悩まないほうがいいんじゃないの？　だって悩んでも仕方ないこともたくさんあるし、大人が絶望的やったら子どもは大人になるのが嫌になるもん！　もっと大人は元気で明るく生きてほしい！

子どもだって先生がウザかったり、親もウザかったり、成績が上がらなかったり、席替えで嫌な奴の近くになったり、ランドセルがやたら重たいから腰痛になりそうとか、悩みってたくさんあるんやで！

うちのお父さんなんて、毎朝「会社行くの辛い」って言って死にそうな顔で家を出て行って、夜にさらに死にそうな顔で帰ってくる。それなのに子どもには「学校行け！」「勉強しろ！」「夢を持つことが大事！」とか平気で言う。だいたい言ってることとやってることが大人は違う。先生も「廊下は走ったらアカン！」って言うけど、この前、職員室から猛ダッシュで出てきた。ほんま腹立つ。でも、こんなふうに思ってるってことは内緒やで！

イラスト　ヨシタケシンスケ
ブックデザイン　タイプフェイス（渡邊民人・谷関笑子）

1章

子どもってどうして
こうなんでしょうか。

QUESTION

中一の息子に「クソババア」と言われ、ショックです。
これからこういうことが増えていくのでしょうか。

ANSWER

中学生なんてみんな
クソガキやからナ、
「クソババア」くらい言うよ。そりゃ。
そやナ。

はい、間違いなく増えます。だってほんまにお母さんは「クソババア」だからです。でも、優しいところもあるから、常日頃は「ババア」で、たまに「クソババア」です。たぶん、「勉強したんか」とか「あーせー、こーせー」とグチャグチャ言うてませんか？　そんなことを繰り返してたら100%クソババアって言われますよ！

QUESTION

好きなのに、練習しないのは なんでなの？

うちの子どもはピアノを習っているのですが、ちっともうちで練習しません。「だったらやめれば！」と言うと「ピアノは好きだからやめたくない」と言います。好きならなんで練習しないのか！　子どもの気持ちがさっぱりわからないのですが。

ANSWER

アンタやって
やせるのは
好きやけど
ダイエットは
キライやろ?

僕も野球が好きで少年野球に入ってるけど、家とかで練習はしてないから、お母さんが「好きでやってるんだから練習しなさい！」って言ってくる。なぜ大人は「好き」＝「練習する」と思うんですか？　「うまくなりたい」＝「練習する」ならわかる。そもそも大人と子どもでは基準が違うと思います。子どもからしたら「十分やってる」って思っても大人が大人の基準で「全然やってない」って言うやん？　あれ、ほんま腹立つわー。だからいちいち「練習しろ」とか「練習しないならやめろ」とか言わないでほしい。嫌になったらどっちみちやめるし。ほっといてくれ！

QUESTION

思春期の子どもとのコミュニケーション、どうすれば？

最近、高校生の我が子が会話してくれません。何を質問しても「普通」もしくは「別に」って返ってきます。あまり色々聞きすぎると「うるさい!」「ウザいわー」と不機嫌です。先日はついに「死ねボケ～」って言われました。思春期の子どものコミュニケーションはどうすればいいですか?

ANSWER

思春期の子どもは向こうから話すまでほっとくべきです。あとは物で釣る。ほかにも一緒に釣りに行ったり、会話より触れあいが大事やで。一緒に好きな場所に行って気分を変えるのもあり。「死ねボケ」と言われたら反省するまで閉じ込めたり、ごはん作らんかったらいい。そもそもなぜ親はウザいか。それは自分が答え終えているのにいつまでもしつこく聞いてくるからです。あとは昔からの積み重ねでウザくなっています。宿題やろうと思っているのに「やれ」って言われたり。っていうか僕は小４で舌打ちとか大荒れするのは卒業した。高校なのにまだそこ？情けない。とにかく「ほっとくこと」です。いつか終わるし、成長するやろ！

QUESTION

息子に「テレビを消しなさい」と言っても全然聞こえません。

うちの5歳の子どもは耳が悪くはないはずなのに、「テレビを消しなさい」「はやく食べなさい」「これから出発だよ」などと声をかけても、全然聞こえていません。何度か言ってみてから、声のボリュームを上げると「うん」と返ってくる程度。一方で、「おやつがあるよ」「今日は外食しちゃおう」は一回で聞こえています。さらに私がこっそりアメをなめようとすると、「今の音、なに?」と気づきます。子どもの耳は何か大人と違う仕組みなのか、不思議です。

ANSWER

たぶん計画的犯行です。
うちのおばあちゃんも都合の悪い時だけボケたふりするよ！

登校中に挨拶してくる大人と、してこない大人がいる。してくる大人はいい人だと思うけど、いい人に見せかけて悪い人かもしれないからとりあえずは様子を見る。

QUESTION

子どもを保育園に預けるか、
仕事をやめて幼稚園に通わせるか迷っています。
どちらがいいと思いますか？

ANSWER

《保育園派》

絶対保育園！　だってうっとうしい親から離れられるんやもん！　保育園にいたらいろんな遊びを先生が考えてくれるし、絶対成長するのが早いと思います。僕も保育園やったけど、なかなか迎えに来てくれないお母さんに腹たったこともあったけど子供心ながらに「お母さんは頑張って仕事してるんやな」って思ったもん。

《幼稚園派》

子どもは家でしか学べないこともあると思う。兄弟と遊ぶとか、家事を手伝うとか。だから早く家に帰ったほうがいいと思う。あと、保育園より幼稚園のほうがキレイな先生が多い気がするわ〜。

つぶやき

お母さんはチラシをいろいろ見てマツモトが安いだのフレスコがいいだのいろいろ言うて時間をかけてるけど、そんな10円くらいの差でこだわるのがよ〜わからん。チラシ見てる間に働いたら、その間の時給のほうがよっぽどいいじゃん！

QUESTION

ポケットからダンゴムシはやめて！

子どもってどうしてあんなに虫が好きなんですか。ポケットからダンゴムシが出てくるのはざら。よくわからない虫を家に持ち帰るのは本当にやめてほしいんですが。

ANSWER

家の外に
「虫ボックス」を
つくって、そこに
入れる。
家に入れない！
あー。
そうネ。
2回くらいは
使うかナ。

女子「私もそう思う。男子やで！　ムシ持って帰るのは！　ほんと気持ち悪いし、気持ちがわからん。石ならわかるけど」

男子「いや、お父さんお母さんが喜ぶかなって。見せてあげようと思って持って帰る。ムシ博士に将来なるかもしれないから大目に見てあげてよ」

……というわけで、学校の先生に「ダンゴムシはあかん」って言ってもらうのがいいと思います。校長じゃ話長くて誰も聞いてないから担任が言うのがいいと思う。あとは入れ物を用意するのは？　ダンゴムシ持ち帰り用のやつ。でもやっぱりかわいそうやし、元の場所に戻してあげて！

QUESTION

どうして子どもはうんこが好きなんですか？

ANSWER

わからんけど、なんか好きやねん、うんこ。だって話題にしたらけっこう盛り上がるし。っていうか大人も好きやろ？　うんこ。

QUESTION

4歳と2歳の男の子の二児の母です。二人ともやんちゃでよくケンカして最近対応に困ってます。まだ兄弟ゲンカだからよいものの、お友達にまで乱暴になってしまったら……と考えてしまいます。小さい子どものケンカはどこまで見守ってあげたらいいですか？

ANSWER

死ぬまでやらせる。途中でとめたりするから「いつか絶対にもっとやってやる！」って思うねん。もうとことんやったらいいじゃないですか。

QUESTION

5歳の娘が本当に言うことを聞きません。

冬でもお風呂上がりに服を着ないし、ごはんは食べかけで席を立って遊びだすし、夜は寝なくて朝起きない。何度怒ってもまた同じことをやります。

ANSWER

えーやんか 別に
そのくらい。
大きくなったら
いろいろ大変なんやから
今のうちに
やらせてあげたら？

鬼から電話がかかってくるサービスとかあるやん！　あれを利用してビビらせるとかは？　でも子どもとはそういう生き物です。現実を受け入れるしかない。それが親の試練だと思います。親は子どもを都合よくコントロールしようとしすぎ！　僕らはロボットちゃう。そんな気にすることでもないんちゃう？　ずっと大人になっても風呂上がりに服着ないなら問題だと思います。

QUESTION

おい！　子どもら外で遊べよ！　なんでゲームばっかりなんや？　外でもゲームしてるやんか！

ANSWER

だって外で遊んでも危険なことがいっぱいで学校でもあまり外で遊ぶなって注意されてるんやもん。安全な場所でしか遊べません。僕らもいろんな場所に探検に行って遊びたいけどそれが無理やねんって！　そんなに外で遊んでほしかったら責任持って安全な世の中を作ってください！　だいたいこれお悩みちゃうやん！

中高年こそ
太陽にあたった方が
いいらしいで？
車に気ィ付けてナ。

QUESTION

小学5年生の娘が話してくれなくなりました。

部屋のドアをあけて「ただいま」と声をかけただけで、「パパ入ってこないで」。食事のときに話しかけても「別に」「何も」。土日に出かけようと誘っても、服などを買ってあげると言わないと来てくれません。そう言っても付いてくる確率は五分五分です。小さい頃は「パパ、パパ」と言ってくれたのに……。ママとは仲良しなので、それもうらやましいです。年齢的に仕方ないとも思いますが、どうしたら娘との関係をもっとよくできるでしょうか。

ANSWER

うちもお父さんとは距離置いてる！　嫌いじゃないけどなんか嫌やねん、お父さんって。距離を置いてるのに近づいたらもっと嫌になるかもよ！　距離を近づけたいならまずほっとく。そうすればどれだけパパがかけがえのない存在かわかるんちゃう？　きっとかまいすぎて逆にうっとうしくなってるんじゃないですか？　だいたい今時の親って関わりすぎでウザい。ほんとウザい。いつまでも昔に浸ってないで子離れしたほうがいいかもよ！　もう、ほんとウザい。

QUESTION

5歳の我が子に矛盾を指摘されています。

「ママの言ってること、意味わかんない！」「ママだってやってないじゃん」「さっきはそんなこと言ってなかったよ」と、最近私が注意したり、叱ったりすると矛盾を的確に突いてくる5歳の娘に閉口しています。いざというときは「ダメなものはダメ！」と言える親になりたいのですが、それだとまったく納得してくれません……。

ANSWER

自分ができてないことを
やれって言われてもなァ。
ソラ納得できんわなァ。

何か見返りが
あったら別やけど。

親って自分が言ってることと、やってることが一致してないのが問題だと思います。もう大問題！　滝に打たれたりして自分を見つめ直して心を入れ替えてください！　強制的にやらせようとしても子どもは絶対に言うこと聞きません。

つぶやき

校長先生の話ってどうして長いの？
ほんでまったく面白くない。

10個の
明智かめまる を探せ!!

かめおか子ども新聞の「『明智かめまる』を探せ!!」は、約1ミリの小さなかめまるを紙面から探す人気コーナーです。今回、特別にこの本にもかめまるが登場！　かめまるの誕生月にちなみ、10か所にかめまるが隠れています。探してみてください！　わからない人は下のヒントをごらんください（答えは63ページ）。

住民票もあるよ♪

明智かめまる

天正元年（1573年）10月23日、丹波・亀山生まれ。天正6年（1578年）頃、明智光秀公によって築城された丹波・亀山城の堀に、光秀公の娘「玉子」が誤って落ちて溺れたところを、堀に住んでいた「亀」が助けました。光秀公は、たいそう感謝してその「亀」を家来にし、「明智かめまる」と名付けてとても可愛がりました。

その後、丹波・亀山城は、慶長15年（1610年）に藤堂高虎公によって五層の天守が完成しましたが、明治11年（1878年）頃、当時の新政府により解体されてしまいました。現在は、堀が「南郷池」として、城跡には「石垣」が残っています。

城主亡き後も「明智かめまる」は、甲羅を兜に日々武道に励み、丹波・亀山城跡を守っています。（亀岡市HPより）

ヒント：11ページ、24ページ、37ページ、48ページ、50ページ、61ページ、78ページ、89ページ、92ページ、111ページ

2章

恋とか愛とか結婚って本当になんなんですか。

QUESTION

彼女に結婚をせまられて悩んでいます。

31歳男性です。彼女は結婚がしたいようです。でも、結婚してもあんまりいいことがないような気がします。今の会社に勤めていても、この先給料もそんなに上がる気がしないし、子どもが生まれたとなったらどんどんお金がかかることが目に見えています。女性は結婚して仕事を辞めるという選択肢もあるけれど、男にはそれがないのが不公平だと思います。専業主夫という存在は知っていても、友人や世間の反応も気になるし、自分のプライド的にもあり得ない選択です。

ANSWER

だいたいが
結婚して
ダメになる
男は
結婚しなくても
ダメになるからナ。

お父さんとお母さん見てたら結婚しないほうが楽かもしれないって思う。「あんなアホと結婚するんじゃなかった」っていっつも言ってるもん。でも、専業主夫だっておかしくない！　そういう社会こそ主流じゃん。頑張って専業主夫やって「主夫男子」とか言われて時代の最先端をいったらいいんじゃない？　そもそも結婚してもいいことがないって言うけど、いいことってどんなことを望んでんの？　だいたい一人でずっと年老いたらどうなると思いますか？　孤独死とか嫌やんか。だって、せっかく結婚したいと言われてるんだし結婚しなきゃもったいないって思う！　せっかくのチャンスを無駄にするなんてアホなこと言うたらアカン。

QUESTION

アイドルが好きすぎて現実の男子に興味が持てません。

彼らは自分たちの魅力を最大化して届けてくれるから、見てると楽しくて……。ジャ○ーズばかりを見ているので、現実の男子に対しても、自然と理想が高くなっているのかもしれません。

ANSWER

現実の男子に興味が持てないってヤバくない？　だって現実を生きてるんやし。イケメンで何でもできる人って絶対に腹黒い部分もあると思うから止めといた方がええ。イケメンはかっこいいけど、見た目じゃなくて人は心が大事。あなたはどうしたいわけ？　現実男子を好きになりたいの？　じゃあ現実を見るべきだと思います。テストとか悪いときは現実を見るのが嫌だけど。でも現実が大事なんやと思う。だからまずは現実男子と話をしてみたらどうですか？　スクランブル交差点の真ん中に立って現実男子を観察するとか。

つぶやき

お母さんはお父さんより韓流スターが好きみたい。いっつもＤＶＤとか見て「カッコイイ、カッコイイ」って言ってる。確かにカッコイイかもしれんけど、お父さんと比べたらかわいそうやん！

QUESTION

友達の好きな人を、自分も好きになってしまいました。

もっと言いたい!

友達の恋に協力しようと思って、友達の好きな人と仲良くしていたら……。正直に友達に言うべきでしょうか。順番は関係ないと思いつつ、うしろめたく感じます。

ANSWER

ま、そーゆー時に限って
その相手は友達の方を
選ぶケドな。

それも勉強やで。

人の気持ちは自由だと思います。だから好きになってしまったのは仕方ない。でもちゃんと言うべきです。だって友達なんだし、大事な人なんでしょ？　隠してたらやっぱり友達としては悲しいんちゃう？　恋愛も友情もストレートで素直なのが一番ええ。

つぶやき

大人って考えすぎやと思う。だから髪の毛が薄くなったりハゲてくるんやと思います。

QUESTION

恋をするってどういうことですか。最近自分でもよくわからなくなってきました。

ANSWER

恋をするということはそういうわからない気持ちになることだと思います。だから恋してるんやと思います。

QUESTION

付き合っている彼氏の要望を断るたびに、「それって俺を愛してないんじゃない？」と言われます。恋と愛の違いはなんだと思いますか。

ANSWER

独身時代は「恋」、結婚したら「愛」。「恋」は短い、「愛」は長い。だって、「はかない恋」「つかのまの恋」っていうし、「永遠の愛」っていうじゃん？

だから恋は短い、愛は長い。

QUESTION

このままハゲたら結婚もできないのではないかと心配です。

僕は30代前半の独身男性ですが、髪の毛が薄くなってきています。地肌が透けて見えてきていて、色々試しているのですがよくなりません。海外の俳優など、ハゲていても様になっている人も多いと思うのですが、自分はあまり似合わないと思います。

ANSWER

あとはアレやナ、金やナ。
金持ってたら
ハゲでも
モテるで。

ワカメ食べたらいいらしいよ。それでも生えてこないならワカメを被るといいでしょう。中途半端は一番アカンのちゃう？　惨めでだらしなく薄いんなら、全部剃ってつるっパゲにしたほうがいいですよ！　結婚前のハゲと結婚後のハゲはどっちが罪が重いと思いますか？　絶対に結婚前のハゲのほうが向こうもハゲ公認で結婚するから罪にはならないと思います。

QUESTION

婚活に疲れました。そもそもなぜ結婚しなければならないのかも、段々わからなくなってきました。私は30代後半の女性です。相手の条件としては、自分以上、もしくは自分と同じくらい稼いでいて、５歳くらいまでの年上はＯＫで、バツイチ子どもなしまではＯＫという感じです。容姿は、清潔感があればそんなにこだわりません（ハゲていないとなおよいです）。そういう方とデートはするのですが、結婚したい！とまで思えない状況です。でも子どもは欲しいし……。

ANSWER

全部じゃなくても、3つ以上揃っていたらいいじゃん！　そんなんただのわがままやで！　うちもお父さんはハゲてて、デブで、もうどうしようもないけど、お母さんは仕方なしに一緒にいるって言うてた！　ぜいたく言ったらアカン。

つぶやき

大人になりたくない！　だって楽しそうじゃないもん。お父さんとか「会社いややー」って言いながら仕事行くもん。おばあちゃんも「年をとると良いことない。あんたら今が一番良い時やで」って言うもん。

QUESTION

娘が定職に就いていない彼氏と結婚すると言っています。
今は何かあれば助けてあげられますが、
私たちが死んでしまったあとに大丈夫なのかと不安になります。

ANSWER

定職に就くって、会社で働くこと？　今は時代が違います。たとえばフリーランスでもちゃんと家庭を持ってる人もいっぱいいるよ。なので、大丈夫だと思います。そんなことで悩むなんて時代おくれです。もう平成も終わったんやで！　一体何を言うてるんや！　もっとその彼氏の魅力とかを見て判断しなきゃあかん！

つぶやき

長男や長女は辛い。弟や妹はすぐに泣いて親に言うから腹立つ。いっつも悪者は自分たちだ。ほんと勘弁してほしい。

QUESTION

モテる秘訣を教えてください。

45歳の男性ですが、まだ独身なので、早く彼女を見つけて結婚せねば！とけっこう焦っています。

ANSWER

僕らもモテてないから何とも言えない。でも、モテる人は正直腹が立つ。「リア充はボケ！」って叫んだこともある。でもそんなことしてもモテない。とりあえず、モテるための7Kって聞いたことがあります。カッコいい、汚くない、臭くない、かしこい、口がうまい、空気読める、比べない。らしいです。全部は無理でも頑張ってください。そして45歳なのに20代とか狙ってませんか？　同じ40代とか狙わんとアカンのちゃう？　でも、無理なら結婚しなくてもいいんじゃない？　むしろ独身の方が楽に生きれる時代だと思います。

つぶやき

大人は「将来役に立つから頑張れ！」って言うけど何がどう役に立つのかはっきりわからないから頑張れない。

QUESTION

彼氏が口うるさすぎて付き合い続けられるか不安です。

たとえば「ソファーに寝転がるなんて!」「スカートにしわがついてるけど」「歩きながら歯磨きするのってどうなの」「バッグが開いてるよ」と、様々なことに口を出してきます。「何かひとつにおいてだらしない人間は、すべてにおいてだらしない」というのが彼の持論です。ほかのことは一緒にいて楽しいから、悩んでしまいます。

ANSWER

そもそもソイツは器が小さい。
いっしょにいて楽しいのは気のせいやで。
そやな。

お母さんみたい！　そういうの１０００００％ウザい！！！！　なんなん！　その彼氏。そんな人やめといたほうがいい。だってずーっと言いますよ！　マイホームがどうの、子育ての方針がどうの……もうノイローゼになると思います。もしくはこっちも負けずに「なんなんそのムダ毛」「なんなん加齢臭」って言いまくってみたら辛さがわかると思います。

QUESTION

子どもの小学校受験に夢中の妻。小さい子に勉強は必要ですか。

妻は「今頑張ればあとあと楽になる!」と、子どもに毎日勉強をさせているのですが、3歳とか4歳とかから勉強する必要があるのか疑問です。楽しく遊んで過ごした方がいいのではないかと思ってしまいます。でもそれを言うと、「じゃあ何もせずに放っておくの!?」と怒ります。私としては、ものがわかる年齢になってから、子どもが自分で将来を選べばいいのではないかと思うのですが……。

ANSWER

そんな妻アカンで！　子どもの自由を奪う悪い人だと思います。親がいろいろ決めなくても、子どもは子どもで自分で決めます。お宅の子どもが死ぬほど勉強が好きならやらしたらいいし、受験もしたらいいけど、別に勉強が好きじゃないのなら子どもがかわいそうです。「勉強はほどほどに」です！　小学校から受験させてどないすんねん！　そうやってエリートな道を親が勝手に作るから子どもがダメになるんや！　子どもに自由を！　ふざけんな！

QUESTION

夫がトイレで小の時に座ってしてくれません。周りが汚れるからやめてほしいのですが、「汚れてない！」と言い張るばかり。立ってするなら自分でトイレ掃除してくれればいいのに、それもしません。イライラします。

ANSWER

トイレを広くして、公衆トイレとかにあるような立つ用の便器を買えばいいと思います。でも、そんなお金ないですよね、最近は不景気で収入低いやろうし……。じゃあ、座らなくちゃいけないくらいにトイレの天井を低くしてみたらどうですか？

夫の
ワイシャツで
トイレ ふいたら
ええんちゃう？

QUESTION

夫婦共働きなのに
ワンオペでつらいです。
夫を家事に参加させるには
どうしたらいいんでしょう？

38歳のワーキングマザーですが、家ではいわゆるワンオペ状態です。家事をリストアップして分担してみても、夫がやらないから仕方なく自分でやって……の繰り返し。いつの間にかなし崩しにすべて私がやることになってしまいます。休日に子どもと遊ぶだけでママ友たちにイクメン認定される夫に腹が立って仕方ありません。

ANSWER

キレ方と
ホメ方を
工夫するしか
ないやろ。
犬に芸を
教えるのと
いっしょやで。

夫がやるって決めた仕事は絶対に夫がやるまで手をつけないのはどう？　だって、やるって決めたんやし。学校の先生も「決めたことは最後まで責任もってやることが大事」っていっつも言ってるよ。もう家がぐちゃぐちゃになっても夫がやるまで手は出さないのがいいと思います。

あとは、人は基本的に利益がないと動かないと思います。だから夫にどんな利益があると動くかを考えてみたらええやん！　おこづかい制なら金額アップとかさー、いろいろ。

あと、「男は単純だから褒めたら動く」ってお母さんが言ってました。それか、もっと二人で働いてガッポガッポ稼いでお手伝いさん雇えばいいんじゃない？

QUESTION

夫婦の「愛」ってなんでしょう。
最近夫が好きなのか、ただ執着してるだけなのかわからなくなりました。
嫌いじゃないのは確かだと思うんですが……。

ANSWER

僕は彼女すらいないのにわからん！　でも自分が好きか嫌いかじゃないの？好きなら一緒にいたらいいやん！　そうじゃないなら熟年離婚したら？人生は一回きりやし、何かに我慢するのも時間の無駄だから嫌なら別れる！　そうすればまたおもしろい人生になるかもしれないじゃん！　そのうちもっと年取ってヨボヨボになったら恋愛どころじゃなくなる！

お歳暮とかお中元とか贈り物を大人はするけど、石鹸とか洗剤とかより食べ物がいいです。

QUESTION

夫と会話が弾みません。どうしたらもっと楽しく夫婦生活が送れますか？

私から話しかけても「うん」とかの生返事しかしないので会話が続きません。子どもには楽しそうに話しかけているので余計腹が立ちます。

ANSWER

うちもお父さんあまりしゃべらん！　よくお母さんに「何か言ったらどうなのよ！」って怒鳴られてます。可哀想です。言いたくないんじゃない？　特に言う必要がないと思ってるとか！　だって話したかったら話すでしょ？　話さないってことは話すのが嫌なだけやろ？　筆談とかＬＩＮＥにしたら？

お母さんは人が寝坊したときはメチャメチャ怒るけど、自分が寝坊したときは言い訳をしてごまかす。

かめおか 子ども新聞 号外

編集長 竹内博士

京都市のとなり 令和でも昭和感！

亀岡ってこんな町デス！

基本的に何もないよ！でも空気はあるから生きていける。ちょっと古臭いところがあって、「令和なのに昭和」って感じ。京都ってイメージで来たら田舎すぎてマジでビビる町です。でも、大阪も京都市内も30分あれば行けるから、都会にめっちゃ近い田舎です。夜は星がきれいでホタルが飛んでる。朝は霧がすごくて昼まで前が見えない。でもそんな日は山の上に登ったら雲海がきれいで、マジで神はいる！って思える。水がきれいだから水道水が飲める。あと人口の割に美容院が多い。だけど、髪の毛がぐちゃぐちゃな人が多い。友達がすぐできる。近所のおっちゃん、おばちゃんはだいたい知ってる。要するに、亀岡はいい町やで。

亀岡には保津川下りがあるよ。アウトドアなら亀岡が一番！　みんな来てね～！

魅力たっぷり?? 亀岡アクティヴィティ

駅のすぐそばにサッカースタジアムもできるし、そこの壁はスポーツクライミングができる。空からはパラグライダーが舞い降りるし、川は保津川下りとかラフティングを楽しめる。温泉もあるし、季節ごとにキレイな花がいっぱい咲くよ。千枚漬けの元になるかぶらも収穫できるし、長寿になるチョロギっていう薬草も有名。小豆は日本一！あと、島根県の出雲大社と神様が同じ神社で出雲大神宮っていうパワースポットがある。めっちゃ長いソフトクリームがあるし、山奥にはイギリスの村がある。BBQができる。むかし明智光秀がいてお城があった。

亀岡通ならわかる今月のスローガン

亀岡出身と言わず、京都出身と言ってしまう悲しい習性

「明智かめまる」を探せ!!

明智かめまるの誕生月にちなんだ10個のかめまるの隠れ場所は、11ページのANSWERのRの窓の中、24ページの点線の上、37ページの「現実」の「現」の字のハネ部分、48ページの「もっと言いたい！」の後、50ページのQUESTIONのQの中、61ページの「つぶやき」のすぐ下、78ページの「飽きっぽい自分」のすぐ後、89ページの回答の最後「頑張れ！」のすぐ後、92ページのANSWERのすぐ後、111ページのページ数のすぐ右です！

これがリアル「かめおか子ども新聞」だ!!

本当に亀岡で発行しています！　しかも毎月2万部、裏表フルカラー！　京都新聞に折り込み中。かめまるを探すコーナーは大人気で、本気の大人から「かめまるが小さすぎて見つかりません」という苦情電話まで入る始末です。

亀人のつぶやき　マジ卍！　神回セレクション

◆亀岡を走るJR嵯峨野線は「開」「閉」ボタンを押さないと電車の扉が動かない。それに慣れ過ぎていて、先日、東京に行ったときに山手線でボタンを探して、ボタンがないからキョロキョロしてしまい、田舎者っぷりを発揮して焦った。

◆先日、時間がなくて慌ててリップクリームを塗ったら、なんとそれはリップクリームではなくてスティックのりでした……。唇がくっついたままトイレに猛ダッシュして水洗いしました。もうしゃべるなってことか？

◆一〇〇円ショップのダイソーに掃除機が売ってたと聞いたから、わざわざバスを乗り継いでダイソーまで行ったのにどこにも売ってない！　帰ってからもう一度その友人に尋ねたら「ダイソン」の間違えでした。

◆「2年前に心筋梗塞で苦しみました」と言おうとしたのに「近親相姦」と言ってしまい、相手がドン引きしていた……。本当にすみません。

天真爛漫

亀岡ほどの規模なら地域密着型の新聞を3年間発行したら、ほぼ全て網羅できる。しかし子ども新聞のネタは尽きない。それは「子どもならではの視点」で町を見るから。大人が気づかない視点のネタがゴロゴロ出てくる▼「庭と公園の区別は何か」とか「どうしてオバちゃんは年をとると服装が派手になるのか」など鋭く突っ込んでくる▼子ども目線は常に驚きと発見の連続。「当たり前」「常識」という言葉が通用しない領域で非常に勉強になる。そんななか子どもは問う。「なんで勉強しないといけないの？」と。どう答えたらいいだろう。やはり勉強が必要だ。

勘違いちゃうねん！
斬新な意味だと
思ってほしい。

子ども記者辞典

【月極駐車場】
「げつごく」というヤクザの組織が
持っている駐車場。
全国どこにでもあるから、きっと
巨大な怖い組織なんやと思う。

【一富士二鷹三茄子】
山梨県の三大名物のこと。

【亀の甲より年の功】
歳を取ったら亀仙人みたいに
甲羅を背負いなさいよ……って意味。

【鉄は熱いうちに打て】
鉄板が熱いうちにお好み焼きを
焼いたら美味しく焼ける。

【ドライブスルー】
ドライブする？って誘うこと。

お父さんお母さん、
勝手に捨てないで！

子ども記者の「宝物」

①恐竜の化石だと思われる石
②ノリを消しゴムのカスと一緒にこねたやつ
③牛乳パックで作ったロボ
④魚釣りの道具
⑤拾ったカギ
⑥戦えそうな棒
⑦ラムネの瓶から取り出したビー玉
⑧きれいな空き箱
⑨セミの抜け殻コレクション

3章

どうしても自分のことが気になるんです。

QUESTION

肩こり、頭痛、目のかすみ、白髪……。
老化が気になります！

35歳を超えてから、特に気になります。避けられないとはいえ、ブルーな気持ちになります。

ANSWER

そんなコト
子どもに聞くな
子どもに。
ヨボヨボの
ひとに
相談せえよ。

誰もが通る道です。それをあなただけブーブー言ってるのはどうかと思います。小学生でもランドセルが重いし肩こるし腰もいたいし、授業中ずっと黒板見なくちゃいけないから目もかすむし……。人間である以上仕方ないことなんや！　人はみな老いていつか全員死ぬんやで！

つぶやき

お父さん、お母さん！　わかってるから、もっと優しく言ってほしい！

QUESTION

部屋が片付けられません。
いつも片付けようとするのですが、
どうしても散らかってしまいます。
どうしたら片付けられるようになりますか。

ANSWER

「ちらかってたらメチャクチャおこる人」がいたらええんちゃう？

小さい頃から「お片付けの時間」とか「お片付け箱」とかあるで！　大人の世界にはないの？　お父さんに聞いたら会社の掃除は掃除の人がちゃんといてきれいにしてくれるらしい！　そんなのおかしい！　自分らの会社なんやし自分で掃除したらいいと思います。掃除を他の人に任せるから片付ける能力が低くなるんだと思います！うちの学校に来てください。そして掃除当番やってよ！めっちゃコツとか学べるで！

QUESTION

今年の夏もダイエットに間に合いませんでした。

いろんな方法を試しているのですが、全く痩せません。ジムにも入会しましたが、少し痩せてもまた元に戻り、やる気がなくなって行かなくなります。体質なんでしょうかね。歳取ったからですかね（今年52歳です）。ほんとどうしたら痩せますかね？

ANSWER

てゆーかさ、やせて
何がしたいの？
もっと人の役に
立つことに
時間使ったら？

努力不足やで。ていうか絶対に本気で痩せようと思ってないやろ。うちのお母さんも「痩せなきゃ！」とか言いながら家の中ではトドみたいにゴロゴロしてるし動くのが遅いです。ほんで料理中の味見が多すぎるし。体型がバレないように大き目の服を着てるけどバレてるし。絶対に世の中のおばちゃんは本気でダイエットに取り組んでいない！　基本的におばちゃんは自分に甘いと思います。残り物とかを「もったいない」って言うて食べてるのもアカンのちゃう？　「どうせ痩せへん」って思ってるから、大変な体になったんやで！

QUESTION

いくら練習してもゴルフがうまくなりません。

ANSWER

センスないんちゃう？　ゴルフは諦めてください。ゲートボールを今からスタートして老後に備えてはいかがでしょう？

QUESTION

子どもも、ペットも、植物も、何も育てていません。このままだと、自分も育たないのではないかと不安です。

ANSWER

まずは世話が簡単な金魚を飼うことをオススメします。あとは近所の子どもを少しの時間預かってみたりとか。そういうのが意外に仕事につながってくるかもしれへんやんか。頑張れよ！大人なんやし。

QUESTION

話すのが苦手で、人と話が続きません。
人に何か質問されても
「そうですね……」と曖昧に終わることが多いです。
どうしたらもっと会話を盛り上げられますか？

ANSWER

一人でできる仕事したら？
木こりとか。
会話しなくてすむやん。

学校でも共通の話題はうけるから、共通の話題を見つけるようにする。あとはめっちゃビックリするような話題は食いつくと思います。カブトムシが一瞬で死んだとか、犬のウンコを踏んだけど臭わなかったとか、しずかちゃんのフルネームは源静香とか、そういう話題がいいと思います。自分の好きな話題ばかりしてるんじゃない？　学校でもＳくんはそんな奴だから嫌われてるよ！相手の話題を聞いて盛り上げなくちゃダメ！

QUESTION

昔

子どもに自分の年齢を聞かれ、一回りほどさばを読んでしまいました。

高齢出産で長男を産んだので、子どもが小さいころ「お母さんいくつ？」と聞かれて、一回りほどさばを読んでしまいました。そのうち気づくだろうと思っていたのに、10歳になる今もまったく気がつかず、友達に「うちのお母さんは若いから！」と自慢しまくっており、引くに引けなくなってしまいました。

ANSWER

そのコがほしがってるモン
買ってあげて、
あやまってから
ホントのこと教えて
あげたら？

嘘をついたのが悪い。反省してください。でもいつか気づくと思います。だって、一回りも若くだまし続けるって無理やわ、絶対。どうして若く見られたいのかわかりません。ただの見栄です。だいたいみんないつかは老けてババアになるんやで！

つぶやき

男のロマンは女の不満っておばちゃんが言ってたよ。

QUESTION

飽きっぽい自分。どうしたら熱意を持ち続けられますか？

何にでも興味を持ち、始めるところまではいいのですが、半年〜1年ほどで、すぐに飽きてしまいます。1回やっただけで満足な気分になります。こういうものは2回目以降が大事だといろんな人に言われます……。だけどなんだか面倒になってしまいます。

ANSWER

続かない時点で本当に好きなことじゃないんじゃない？　続けることを考えずにどんどん次々にいろんなことをやってみたら、いつかコレや！っていうものにたどり着くんじゃない？

つぶやき

セ・リーグ、パ・リーグのこと、「セントラル・リーグ」と「パントラル・リーグ」やと思っていた。

QUESTION

インスタグラムが好きすぎてたまりません。

インスタを常に見ていないと不安になるし、友達のインスタは全部チェックして必ずコメント。アップする前に写真は何度でも撮り直すし、旅行でも外食でも、場所を選ぶ基準は「映《ば》える」かどうか。中毒ってほどではないと思うけど、たまにふと不安になります。こんな私っておかしく見えますか？

ANSWER

僕らは「ゲームは1日2時間まで」とか「YouTubeは宿題終わってから」とか決められているから、インスタをする時間も決めたらいいと思います。インスタは基本的に、リア充でもないのにリア充ぶって、「すごい！」とか「羨ましい！」って言われるためだけのしょーもないものだと思うので、振り回されてると人生損しますよ！

つぶやき

「みんな仲良くしなさい！」って大人は言うけど、大人だって人の悪口言ったりしてるじゃん！　戦争だってなくならないじゃん！　まずは大人から先に仲良くしろよ！

QUESTION

アラフォー女性です。夫の加齢臭を笑っていたら、ある日、自分の顔から加齢臭のような匂いがただようことに気付きました。ショックです。

ANSWER

ファブリーズで顔を洗ってみてはいかがでしょう？　僕は足が臭いからよくお母さんに「ファブリーズに浸かって来い！」って怒られます。でも顔が臭いって大変ですね。胡散臭い顔ってことでしょうか。こまめに洗顔するしかないんじゃないい？　間違っても香水とかかけまくるのはやめてください。香水しまくったおばちゃんが電車に乗ってて死にそうになったことあるし。あれはアカン。香水の匂いと汗の匂いが混じって動物園みたいな匂いやったもん！

「大人な対応」ってどういうこと？　本当の気持ちを隠すこと？

QUESTION

給料をあるだけ使ってしまい、貯金ができません！

32歳の男です。給料はあるだけ使ってしまいます。飲み会、ゲーム、服……。いくらあっても足りません。それでも借金もせず暮らしていけているからいいかとも思いますが、いずれ家族ができたらそうもいかないのかな。

ANSWER

結婚せんかったら
ええやん。

それか金持ちと
結婚すれば
ええのか。

まァ
ムリやろけど。

しっかりとお金を管理してくれる人と早く結婚したらどうですか。でも結婚するお金がないか……。二度と開かない貯金箱とか買って毎日貯めるのは？　誰かほかの人に管理を任せたほうが絶対いいと思います。僕も自分で宿題の管理ができないから親に任せようとしたら叱られた。だって無理なもんは無理やもん。

QUESTION

眠たくならない方法を教えてください！

私は受験生なのにすぐ眠たくなります。部活も普通にあるし、宿題もあります。それに加えて受験勉強は正直大変なのですが、これぱっかりは仕方ないからあきらめてます。でも体力がついていかないのか、どうしても眠たくなります。眠気を覚ます方法を教えてください。

ANSWER

ハッ
一番キライな人が
楽しそうにしてる
場面をイメージしたら？
イラッとして
目がさめる
かもよ！

激辛のものをたくさん食べたら目が覚めるよ。あとは洗濯ばさみで耳たぶを挟むとイヤリングみたいで見た目もいいし、痛いから目が覚めるはず！　ミカンの皮を目の前で剥いて汁を目にピュッと飛ばすのもありです。あと、ごはん食べたら眠たくなるから勉強前は食べないとかは？　寝たらナイフが飛んでくる仕掛けとか作って怖くて眠れへんようにするとかもいいかも。眠たくなったら腕立て伏せをするのもよい。そうすれば体力もつくし、いいんちゃう？　夜は早く寝て朝に早起きしてやるとかは？　こんな質問する前に、１個でも単語とか覚えたほうがいいんじゃない？

QUESTION

何をやってもうまくいかず自信が持てません。

これといって何のとりえもない、ごく普通の凡人です。色々チャレンジしてみたら?と友人に言われて頑張っているんですが、失敗ばかりで落ち込みます。だからよけいにうまくいきません。どうしたら自信が持てますか?

ANSWER

まず好きなことを見つけたら？　昼寝とか早口言葉とか何でもいいし。本当に好きなことなら失敗してもまたできるやん？　諦めたらそこで終わりって松岡修造も言うとった！　アカンかったら満を持してからやるってのも必要かも。大事な3カ条を教えます！　①情報を収集することを忘れない。②何でも体験する（やってみる！）ってこと。③たとえ破産してもやり続ける。これです！　これで自信は持てるはず！　あとイメージすることも大事って聞いたことある！　自分はデキル！　デキル！　ってイメージするねん。そうしたらできるようになる！　絶対！　頑張れ！

誕生日が来て年齢があがっていくのが嬉しい時期は「子ども」。誕生日が来て年齢があがっていくのが悲しくなったら「大人」。

QUESTION

バレンタインが大嫌い。なくなってもらいたい。

なぜ単なる菓子屋の商戦にこんなにメンタルをやられなければならないのか。振り返れば小学生時代、母親からの「チョコレートもらえた？」の一言、あれが人生で初めての挫折体験だ。思春期を迎えるにつれ、当日の学校のそわそわした雰囲気と、それにまったく関係ない自分に、寂しさを覚えていたことを思い出す。社会人になって、会社で義理チョコなるものをもらうようにはなったものの、毎年毎年切ない気持ちを思い出させられる。

ANSWER

あなたは正しいです。だってただの菓子屋の目論見やし、もう無視でいいんじゃない？　リア充な奴らはチョコをもらいまくって虫歯になって痛い思いをすればいいのです。それにチョコばっかり食べたら太ってみっともないお腹になって、結局またライザップが儲かるだけです。もうみんなの力でバレンタイン撲滅作戦を実施しましょう。ていうか、ダサい。だってチョコの力を借りないと告白できないって情けなくないですか？　義理チョコとか友チョコとか、とにかくチョコを買うためにお金が吹っ飛んでいって大変なんだから、もうバレンタイン廃止にしよう。ほんまにそれがいい。

「子どもはうるさい」っていうけど、絶対にオバちゃんの方がうるさい！

QUESTION

還暦を迎えて、ますます物忘れが激しくなって心配です。孫の見ているアニメを何度一緒に見ても、なんていうアニメか覚えられません。芸能人の名前はもちろん、近所の人の名前もパッと出てこないことがあります。夫とは、「あれどうなったっけ？」「あれって何？」「えーっと、あれ、あれ……」という会話を一日に何度も繰り返しています。老人性認知症なのではないかとも思います。どうしたらいいでしょう。

ANSWER

とりあえずは病院に行ったらどうですか？ それで特に問題ないのだったら、ふつうに脳みそにガタがきてると思うので、人間の避けられない道だと思います。こまめにメモを書いておくのがいいと思います。

QUESTION

人生どん底です。もう嫌です。辛いことが多いです。

ANSWER

どん底があるからハッピーって感じられるんじゃないですか？　あのね、映画と一緒！　最後がハッピーエンドならいいじゃん！　途中が波瀾万丈とか絶体絶命な方が映画としては面白いでしょ？　だからいいじゃん。ヒット作品になるんちゃう？

QUESTION

歯並びを矯正したいけど、面倒な気もします。

大人になってから、歯並びが悪いのが気になっています。でも日常生活に支障はないし、矯正はお金もすごくかかるし、痛いとも聞きます。どうしたらいいですか。

ANSWER

いっしょうけんめい働いて
大金持ちになって、
ヒマになってから
矯正したら
ええんちゃう？

オレの乳歯、
かしたろか？

歯がガタガタでも自分の人生を貫くことが大事じゃないでしょうか。僕らが応援します！　めっちゃ頑張ります！　担任の先生も歯並びが悪くて、もう悪すぎて歯が「X」になってて最悪なんやけど、給食も挟まって大変やけど、まったく気にしてないで！　すげーだろ！

つぶやき

子どもは自由でいいなって大人は言うけど、全く自由なんてない！　親が決めたことには従わないといけないし、行きたくもない学校に行かなきゃいけないし、終わったら塾とかいっぱいあるんやで！　大人のほうが自由じゃん！

かめおか子ども新聞
の作り方

**この本の元となった「かめおか子ども新聞」。
子ども記者たちはどうやって取材を
しているのか、密着!!**

　まず町を探検！　気になる店や人など発見します！　一度帰って何を取材するか話し合います。意見が分かれた時はジャンケン大会。アポイントは大人に任せています。だって前、自分たちでアポイントをしようとしたけど、電話って緊張するしビビッてイタズラ電話に間違えられたから。取材に行く時はノートと鉛筆を持っていきます。あと袋も必要。だって途中にキレイな花が咲いていたりダンゴムシとかいたら持って帰りたいからです。気になることはなんでも質問！　「目の前のハエを一撃で倒せますか？」とか「死んだらどうなると思いますか？」とかきいたら大人は困っていました。ノートにまとめて編集長に渡したら終了。

これはゲートボールの取材です。他にも、ドローンを取材したり、盲導犬を取材したり、色んなところに行くよ。

4章

大人になっても
まだまだわからないこと
だらけです。

QUESTION

最近の若い人の考えについていけません。
人としての情がないというか無機質だし、
もう感覚が違いすぎるというか……。
同じ人間なのに残念すぎます。

ANSWER

自分と同じ
タイプじゃないと
アカンのか。
なんか残念な
お年寄りやな。

僕らは高齢者の考えがよくわかりません。問い合わせは電話やし、わざわざ時間かけて買い物に行くし。問い合わせはネットで調べたらわかるし、わざわざ時間かけて買い物しなくてもネットで買ったらええやん！　年寄りは時間かけた生き方をしてると思います。どっちが正しいかとかわからんけど、自分が便利な方を選んだらええんやと思う。違いを認めることが大事やって学校の人権学習でも言うてたで！

QUESTION

環境汚染などが進むなか、添加物いっぱいの食べ物だらけの日本に不安でいっぱいです。将来どうなるのでしょう。みなさんは不安を感じませんか。

ANSWER

その家の方針しだいやろ！給食でも「牛乳は一切飲ませない家」とか「国産以外はダメな家」とかいろいろあって、人それぞれだよ。子どもは大人を信じるしかないんやし、大人がしっかりしてくれへんかったら、変なもの食べておかしくなっても大人の責任やと思う。しっかりしてよね、大人たち。

QUESTION

ごはんをクチャクチャと口を開きながら噛む友達。ランチなどするたびに気になって仕方ないのですが、デリケートすぎて指摘できません。

ANSWER

でもちゃんと指摘するしかありません。スマホに録音して聞かせるのが一番いい。だって自分で気づかないと直らないよ……。

QUESTION

僕は東京生まれ、東京育ちです。
関西の人からは、標準語はなよなよして聞こえると
聞いたのですが、記者さんたちが聞いてもそうですか?

ANSWER

標準語って「○○じゃない？」みたいなやつ？　DAIGOが言っててちょっとかっこよかったけど、確かになよなよしてるかも～。でも関西弁も「きつい」「下品」って言われるらしい。地方に行ったら方言もあるし、日本語もいろいろあるね。でも、「標準語」っていうのが腹立つ！　「東京弁」やで！　何で全て東京が基準やねん！　それが腹立つわー。東京はディズニーランドがあるのは羨ましいけど（※正確にはディズニーランドがあるのは千葉県です）。

お父さんの免許証の顔はどうみても指名手配の人。

QUESTION

年上の部下にはどう接するのがよいでしょうか。

年上の部下が新しいことについて中々やる気になってくれなくて困っています。間違いを指摘しただけで「そんな指示は受けていない」とむくれてしまいます。今まで年功序列でやってきたでしょうから面白くない気持ちもわかるのですが、上司としては困ってしまいます。

ANSWER

その人を一度 上司にしちゃえば？

上司の大変さがわかるんちゃう？

年齢とか性別とか国籍とか関係ない時代です。どんな人でも使えない人は使えない。学校でも全く使えない先生とかもいるし、近所にも名前だけで全く仕事しない○○会長が住んでいます。たぶん世の中にはもっとたくさん使えないやつはいると思います。年上でも部下なんだし厳しくするべきです。使えないものは使えない！

QUESTION

「何歳に見える?」という質問を世の中で禁止してほしい!

人の年齢なんて興味ない!一応少し若く言っておこうかなと思って答えるけれど、その想像も面倒だし、それだけ気を遣って答えて、だいぶ歳いってたときの気まずさといったら。大体、そんな微妙な質問をしてきた相手に対して、なぜこちらが気まずい思いをしなければならないのかと怒りすら感じます。

ANSWER

「何歳に見られたいんですか」って聞いてみたら？　大人ってみんなそう。
もういちいち考えず誰でも「二十歳」って言っておいたらどうですか？
そんなことに時間を使うのはムダだと思います。

つぶやき

コンセントの穴って左右で大きさが違うよね！　家で発見してめっちゃ衝撃やった！

QUESTION

大人と子どもはどっちがいいですか？

ANSWER

子どものほうがいい。だって失敗しても許されるし、基本、子どもはかわいい存在だし。大人ってかわいげないでしょ？　偉そうやし。お父さん見てたら毎日死にそうになって働いてて幸せじゃなさそうやもん！

QUESTION

幸せってなんですか。わからなくなりました。

ANSWER

手を叩くこととかな？　でも、幸せって自分で決めることです。だから、あなたの中にあると思うので、何をしている時に幸せって感じるのかを考えてみてはどうですか？　人に聞くもんじゃないよ。

QUESTION

若手社員を長続きさせるにはどうしたらいいでしょう？

若い人が次々に会社を辞めていきます。現在のリーダークラスの若手に対する接し方、指導の仕方を見ると、自分が若かりし頃に先輩・上司から受けたことをそのまま実行している状況です。しかし、ちょっと注意しただけで仕事を辞めたり、病院で診断書を書いてもらってきて会社を休む社員もいます。

ANSWER

給料を上げたらいいじゃん。それがダメなら給料以外の楽しみがあったら会社辞めへんのちゃう？　学校も勉強以外の楽しみがあるから毎日行く気になってるわけやし。きっとその会社は給料以外に魅力がないんやないの？　だって魅力があったら辞めへんやろ。あと、昔の考え方はウザいだけやし言ったらアカン。お父さんが「平成も終わったのに考えが昭和のままなヤツらがおるから世の中進歩せーへん」って言うとったもん。

QUESTION

どうして私たちは生まれてきたんでしょう？

ANSWER

何か意味があると思うからそれを見つけるしかないね！　でも、幸せになるために生まれてきたんちゃう？　だってみんな「幸せになりますように」って祈ったりするし。

QUESTION

大好きな俳優さんを見ている時に、私は生きてる！と感じますが、子ども記者のみなさんは生きてる！と感じる瞬間はありますか。

ANSWER

生きてる！って感情のことやと思う。嬉しいとか、楽しいとか、マジむかつくクソぼけ！とか思うことが生きてる証拠。何も感情がなくなったら死んでることと一緒だと思う。

Q
UESTION

男と女はどっちが楽だと思いますか？

旦那は家に帰ってきたら基本的にスイッチが切れたみたいに「疲れたー」と、ダラダラしています。私は家事も子育てもあるしスイッチは24時間切れない。男性は仕事も付き合いもあるから大変だと言うけれど、女性の方が家事も子育てもあって絶対に男性よりも大変だと思います。

ANSWER

どっちも大変だと思う。手伝ってほしいなら例えばポイント制にして貯まったら旦那さんの好きなものを買えるとかもありかも。あとは離婚届にハンコを押しておいていつでも出せるようにしておく。そしたら男性も動くかもしれません。うちの親もケンカしたときにお母さんの親が出てきたら素直に謝ってた。それもあり。だいたい手伝ってほしいと思うところに無理があるのかも。一回、「君の名は。」じゃないけど入れ替わってみて、お互いの役割を交換してみたらいいやん！　ちなみにニューハーフの赤坂マリアさん（※亀岡市議）に訊いたら、ニューハーフが男も女もどっちも持ってるし一番いいことがわかった。

つぶやき

女子は男子を批判する！　すぐに男子を悪者にして先生に言うから嫌いや！

QUESTION

自分に向いている仕事はあるんでしょうか。

就活に疲れました。売り手市場と言われて周りはどんどん就職を決めていくのに、自分だけがお祈りメールをもらい続けています。受けている会社の志望理由も、自分がなんのために働くのかもだんだん分からなくなってきています。

ANSWER

アンタに何が向いてるか
なんて、私が知ってるワケ
ないやん。
「どーしてもイヤなこと」を
ひとつだけ決めて、
それ以外やったら
何でもええんちゃう？

やりたいことや夢はないんですか？　たぶん何かには向いてると思います。僕の友達のSくんはほんまに成績悪いし、けっこうアホやけど、足が速いから先生に「スポーツ選手になれる！」って言われて喜んでました。何か一つでも得意なことを探すのがいいです。

QUESTION

歳をとって死が近くなっているのを
否応なしに感じずにはいられません。
死ぬのは怖いです。

ANSWER

天国っていう別の世界があるんやし楽しみじゃん！　ある意味で生きてるから悩んだり苦しんだりして辛いわけで、死んだら何も感じなくなるから楽って場合もある。っていうか、「死ぬのが怖い」って思いながら生きている時間が一番不幸じゃない？　生きてるんやし生きてるうちにたくさん楽しいこと考えたらいいやん！

つぶやき

恥ずかしくて給食の余り物をかけたじゃんけんに参加できない！　でも本当は女子だってたくさん食べたい！

QUESTION

子育てを頑張っていますが、
なかなかうまくいきません。
「いいお母さん」ってどんなお母さんだと思いますか？
「いいお父さん」ってどんなお父さんだと思いますか？

ANSWER

「いい子ども」って
どんな子やと
思ってんのやろナ。
なァ。
きいた
ところでなァ
できることしか
できひんのになァ。

「いいお母さん」

美人、怒らない、料理がうまい、気がきく、やさしい、あまり化粧が濃くない。

「いいお父さん」

定時帰宅、イケメン、金持ち、やさしい、面倒臭がらず遊んでくれる、偉そうじゃない、変な匂いがしない。

つぶやき

「夢は？」「大きくなったら何になりたい？」って大人はどうして聞いてくるの？

QUESTION

子どもに「友達にやさしく」「仲良くしてね」
とよく言いますが、
正直自分を押し殺してまで人にやさしくしなくていいし、
全員と仲良くする必要もないと思うのですが……。

ANSWER

「大人が言いそうなこと」を
言わない大人の方が
信用できるよナ。
あー。
わかる
わかる。

その通りだと思います。だってウザいやつはウザいもん。お母さんがよく「どう頑張っても好きになれない人とは距離を置いたらええ」って言うてます。でも最近はお父さんのことがウザいみたいで、距離を置こうにも置けずに悩んでいます。いつものことなんで、また仲直りすると思います。自分のことを大事にしてたら人にもやさしくできるんちゃう?

QUESTION

不景気、少子高齢化、災害多発……
将来が不安です。

ANSWER

生きてるって素晴らしくないですか？　自分が人生の主人公だと思います。災害が起きても人生を楽しんで幸せに思ってる人もいます。全ては自分次第なんちゃう？

つぶやき

正直、お化粧を落としたお母さんの顔はブサイクすぎるといつも思っている。

あとがき

「かめおか子ども新聞」の子ども記者たちの取材は容赦ない。「不味い」「嫌だ」「おもしろくない」を連発。忖度《そんたく》など一切しない。飾らない言葉。つたない言葉。どストレート。でもそれがなかなか的を射ていたりする。

「子どもは何も知らない」「大人がいつも正しい」は嘘だ。子どもは大人が忘れてきた大切なものをしっかりと持っている。大人同士の議論より、子どもに言われた何気ない言葉に妙に納得したことはないだろうか。バッサリと切り捨てる残酷さの一方で、まるで小さいお坊さんのように世の中を悟っている時や、全てを包み込むような偉大な愛を感じる時もあり、子どもとは実に不思議な生き物だと感じる。

私は普段、企業に対してコミュニケーション研修を行っている。大学卒業から10年間、新聞記者として様々な「人」に出会い、「人」に触れてきた。生きていくうえで大切なのはコミュニケーションだと強く感じ、今の仕事を始めた。

核家族化が進み、地域とのつながりも希薄化する中で、今の子どもたちにとって必要な教育とは何か。それは、「危ないことには関わらない」ではなく、むしろ「色んな人に触れることで、どんな人かを見抜く目や、自己防衛能力を磨く」「自らが人の中に飛び込み、世界を切り拓いていく」人間教育なのではないか。そして、それは「取材」という行為の中から学べる。「かめおか子ども新聞」立ち上げの動機である。同時に「情報発信ツール」だった新聞を「教育ツール」へと転換する新しい試みでもあった。

新しい時代。今までのやり方では行き詰まることも多い。だからこそ既成概念を覆してくれる子どもの存在は大きい。さあ、取材！　今日も子どものアンテナに引っかかったテーマや言葉たちはキラキラと輝き、大人たちへ鋭く届く。

かめおか子ども新聞　編集長　竹内博士

はい！
こちら子《こ》ども記者相談室《きしゃそうだんしつ》デス！

発行　2019年5月30日
３刷　2019年7月25日

著者　かめおか子《こ》ども新聞《しんぶん》
発行者　佐藤隆信
発行所　株式会社新潮社
〒162-8711　東京都新宿区矢来町71
編集部　(03)3266-5550
読者係　(03)3266-5111
https://www.shinchosha.co.jp
印刷所　株式会社光邦
製本所　加藤製本株式会社

かめおか子ども新聞
編集長　竹内博士
子ども記者　今村孔祐
木曽大希
柴田一
谷村穂果
俣野皓平
渡辺大祐
小林眞尋
柴田要
畑遥香
俣野淳至

協力　亀岡市役所、亀岡商工会議所、有限会社 楠新聞舗
イラスト(P62)　なないろあーと(竹内七恵)

ISBN978-4-10-352631-5 C0095

乱丁・落丁本は、ご面倒ですが小社読者係宛お送り下さい。
送料小社負担にてお取替えいたします。
価格はカバーに表示してあります。